CALLWEY

JONATHAN ADLER

HAPPY CHIC

Der neue Wohnstil

Dank

Ich bin der glücklichste Töpfer/Ausstatter/Verkäufer/Autor der Welt, weil ich mit den kreativsten, genialsten und witzigsten Leuten zusammenarbeiten darf. Dank an ...

- **Fotografen:** Jessica Antola, Colleen Duffley, Evan Joseph, Joshua McHugh, Ngoc Minh Ngo, Thomas Olcott, Albert Sanchez, Todd Selby, Jonathan Skow, William Waldron und Dan Wilby.
- **Kunden:** Peri und Nacho Arenas, Adam und Denise, Liz Lange, Nanette Lepore und Bob Savage, Stan Parker und Jennifer Deppe Parker, Doug Teitelbaum – und Barbie.
- **Familie:** Amy, David, Harry, Mom, mein verstorbener Vater und der für mich wichtigste Mensch auf der Welt, Simon.
- **Sterling-Mitarbeiter:** Marcus Leaver, Jason Prince, Joelle Herr, Ashley Prine und Melissa McKoy.
- **Leute bei Jonathan Adler:** Furchtloses Führungsteam: Gary Fuhrman, Erik Baker und David Frankel. Mitarbeiter am Buch: Stephen Moss, Leslie Degler, Jerin Tueck und Edwin Vera, außerdem danke ich dem gesamten Team bei Jonathan Adler, im Lager, in den Läden, im Büro und im Atelier.
- **Und natürlich Dank an alle, die so hart für dieses Buch gearbeitet haben: Celia Fuller, Pam Horn, Jen Renzi und die fantastische Charlotte Hillman.**

Die Originalausgabe erschien 2010 unter dem Titel *Jonathan Adler on Happy Chic Accessorizing* bei
Sterling Publishing Co., Inc.
387 Park Avenue South, New York, NY 10016, USA

Verlag Georg D. W. Callwey GmbH & Co. KG
Streitfeldstr. 35
D-81673 München
www.callwey.de
E-Mail: buch@callwey.de

Die Deutsche Nationalbibliothek verzeichnet diese Publikation in der Deutschen Nationalbibliografie; detaillierte bibliografische Daten sind im Internet abrufbar unter <http://dnb.d-nb.de>.
ISBN 978-3-7667-1907-2

Design: Celia Fuller Cover photo © Colleen Duffley
Realisierung der deutschen Ausgabe: Textilien. Lektorat und Producing
Barbara Delius, Berlin

Printed in China

Inhalt

Vorwort

Jonathan Adler wuchs in einem durchgestylten, aber chaotischen Haus in New Jersey auf. Seine Eltern waren Jünger einer ***Ästhetik der bunten Mischung.*** Ihr Haus war zwar modern und minimalistisch gedacht, aber voller gewagter Kontraste und exzentrischer Arrangements. So stand im Eingangsbereich ein orangefarbener Schirmständer von Verner Panton neben einem riesenhaften geschnitzten Garderobenständer in Form eines Bären. Der massive Albrizzi-Couchtisch im Wohnzimmer brach unter einem Haufen Siebziger-Keramik schier zusammen. Die Bücherwand war geschmückt mit den Resultaten der frühen Töpferexperimente Jonathans und Skulpturen seines Vaters.

Auch in New Jersey fällt der ***Apfel*** nicht weit vom ***Stamm.*** Jonathan stattete sein Kinderzimmer mit derselben dekorativen Hingabe aus:

Selbstgebastelte Handpuppen hingen über dem Bett, die Formica-Regale wurden hingebungsvoll mit Bowie-Platten und Ausgaben von *Interview* angefüllt. Auf dem Fensterbrett drängelten sich Japanvasen vom Kunstbasar in Philadelphia, und natürlich durften in dieser grandiosen Sammlung auch Snoopy-Figuren und Trolle nicht fehlen.

Die wenigen Jahre seines Erwachsenendaseins hat Jonathan bislang damit verbracht, die Welt mit dekorativen Dingen zu beglücken. Nun hat der wohlerzogene Knabe das dringende Bedürfnis, seine ***Erkenntnisse zu teilen,*** die ihm durch seine kunterbunte Kindheit zuteil wurden, damit auch wir begreifen, wie all die Dinge, die an die Ufer des Lebens gespült werden, unterzubringen sind – und zwar unter Aufbringung höchster Kreativität und mit größtem Vergnügen.

Frohes Dekorieren!

VIELE GRÜSSE, SIMON DOONAN

Sammler-Bohemienne: Nanette Lepore hat einen untrüglichen Blick für kultiviertes Design. Der Stil ihrer New Yorker Wohnung ist ein schnörkeliger Mix, der sofort überzeugt. Eigentlich können sich die Stücke, die sie zusammengestellt hat, gar nicht vertragen – sie tun es aber: Berberteppich, marokkanischer Beistelltisch und Napoleonbüste passen zusammen, weil sie einen persönlichen Bezug zu ihrer Besitzerin haben.

EINFÜHRUNG

Happy Chic für alle

Meine Design-Philosophie beruht auf einem Widerspruch. Einerseits bin ich besessen vom Durchdesignen: Ich kämpfe für perfekte Räume mit einzigartigen Objekten, um die sich die Erben dereinst reißen werden. Aber ach … Die rastlose Jagd nach dem guten Geschmack ist letztlich ein eitles Unterfangen. Sie hat etwas Anonymes an sich, das mich frustriert. Wo bleibt da der Spaß, wo die Emotion, kurz: die *joie de vivre?*

Das Beste, was je über guten Stil gesagt wurde, stammt von Sir Hardy Amies, einst persönlicher Schneider Queen Elizabeths, der die Monarchin stets in praktische, irgendwie vertraut wirkende Kleider steckte. Auf die Frage, warum er sie nicht moderner kleide, antwortete Amies, dass alles Modische etwas »Grausames, Kaltes« habe, einen snobistischen und exklusiven Ruch. Ihre Majestät geruht, die Hochnäsigkeit zu zügeln. Das sollte uns ein Vorbild sein.

Ich finde, Happy Chic ist für jeden da, und jeder kann diesen Stil einfach durch einen Schuss Persönlichkeit umsetzen. Mein Mittel gegen geschmackvolle Langeweile ist eine stabile Basis aus guter Einrichtung mit einem Hauch Spaß. Nur ein Hauch! Allzu viel Geschmack ist affektiert und öde, zu viel Lustiges allerdings geschmacklos. Als Richtschnur schlage ich die folgende idiotensichere und vielfach erprobte Formel vor:

95% STIL + 5% HAPPY = DAS DESIGN-NIRVANA
ICH NENNE ES: HAPPY CHIC

Zugegeben, fünf Prozent sind sehr, sehr wenig. Und doch ist dieser Anteil das absolut Wichtigste – aber am schwersten zu definieren. Das Happy-Element sollte originell, aber nicht kitschig sein, witzig, aber nicht lächerlich.

Streifendynamik: Die gelb-grau-gestreifte Bettwäsche wird erst durch das schwarze Kissen zum Statement. Dazu passt das bestickte Love-Kissen im Barocksessel daneben.

Girlie-Glamour: Samt-Puff und Plexisessel mit Leopardenbezug, beleuchteter Schminktisch… Nanettes Ankleidezimmer ist verspielt und glamourös. Ob Understatement oder große Oper – Ihr Allerheiligstes darf die Diva in Ihnen zum Ausdruck bringen.

Britischer Humor:
Mein Partner Simon zeigt in seinem Homeoffice sein wahres Ich. Die Deko offenbart den Gentleman und sein britisches Herz – aber auch eine Spur Respektlosigkeit: Die Flagge am Boden ist leicht verfremdet.

MÖBEL MITTEN IM RAUM SCHAFFEN PLATZ UND HABEN ETWAS LUFTIGES.

Der persönliche Touch: Wenn Simon nicht gerade schreibt, dekoriert er Schaufenster. Daher die Modepuppen-Köpfe überall, die sich perfekt als Mittelpunkt eines außergewöhnlichen Arrangements eignen.

Ziele dieser Einführungslektion:

- **Lernen Sie die Grundregeln der Raumgestaltung.**
- **Lernen Sie, sie zu brechen.**

Und hier mein Programm zur Verschönerung Ihrer Wohnung in drei Schritten:

Schritt eins: **FINDEN SIE IHREN STIL.** Verfassen Sie Ihr persönliches Stil-Credo, das Sie in allen Design-Entscheidungen leiten soll.

Schritt zwei: **NUTZEN SIE DIE REGELN PERFEKTEN ARRANGIERENS.** Ob Sie ein Haus einrichten oder ein Stillleben arrangieren – die Mittel sind immer dieselben: Format, Form, Farbe und Botschaft. Setzen Sie sie ein!

Schritt drei: **REGELN BRECHEN!** Formal ist alles fertig? Perfektionieren Sie das perfekte Ambiente durch einen Stilbruch da und dort.

umblättern und anfangen!

DEKORIEREN SIE ALLE FLÄCHEN. SOGAR AUF DER HEIZUNGSVERKLEIDUNG FINDET SICH EIN PLÄTZCHEN. SO EIN KERAMIKENSEMBLE IST EINE FEINE SACHE: KASCHIERT DIE UNSCHÖNE OPTIK UND VERTRÄGT DIE HITZE.

FINDEN SIE IHREN STIL

Wenn es ums Dekorieren geht, drehe ich gerne ein bisschen auf. Warum sollte man sich auch festlegen, statt sich aus allen möglichen Stilrichtungen zu bedienen? In meinen eigenen Entwürfen dominieren diese drei Looks:

- *Society-Chic* ist gesellschaftstauglich, hier bestimmen ausgewählte Formen und funkelnde Oberflächen das Bild, Stichwort Lack und Nagelmuster. Richtig gut wird diese Richtung aber erst mit einer Prise Witz – nur gerade so viel, dass es nicht spöttisch wirkt.
- ***Playful Pop*** ist ein ganz klein wenig verdorben, aber sehr amüsant: Leuchtende Farben und klare Konturen gehen eine verführerische Liaison ein, wie ein Tisch im Stil der Parsons-Schule – avantgarde, dabei aber überaus kompatibel. Playful Pop ist ein Kind der Liebe von Jean-Michel Frank und Farrah Fawcett, ein klassischer Stil mit einem Schuss 70er-Sex-Appeal.
- NATUR-MODERNE ist so etwas wie Midcentury-Moderne nach einem Kräuter-Aufguss: handgefertigte Möbel und ehrliche Materialien mit bunten und metallisch glänzenden Akzenten. Erdverbunden, aber nicht Müsli.

Society-Chic

Musen: LILLY PULITZER, BABE PALEY, JACKIE O.

Orte der Inspiration: PALM BEACH, SUTTON PLACE, TROUSDALE

Farbpalette: LIMETTE, WEISS, GOLD

Schlüsselobjekte: CHINESISCHE STILMÖBEL, STICKEREIEN, BACKGAMMON-SPIELBRETT

Playful Pop

Musen: ANDY WARHOL, JOE COLOMBO, COURRÈGES, VERNER PANTON

Orte der Inspiration: BRASILIA, SWINGING LONDON

Farbpalette: ORANGE, MAGENTA, SILBER

Schlüsselobjekte: SAARINEN-STUHL, PANTON-LAMPE

NATUR-MODERNE

Musen: TALITHA GETTY, ALI MCGRAW, JADE JAGGER

Orte der Inspiration: BIG SUR, IBIZA, TOPANGA CANYON

Farbpalette: MEERGRÜN, ZIMT, ZARTBITTER, NATURFARBEN

Schlüsselobjekte: BERBERTEPPICH, WANDSKULPTUREN VON CURTIS JERE, MAKRAMEÉ-EULE

NOTIZBLOCK

Was sollte Ihr Zuhause über Sie persönlich aussagen?

Alles, womit Sie sich in Ihren vier Wänden umgeben, sollte interessant sein und etwas ganz Besonderes. Suchen Sie Dinge danach aus, welche Aussage sie über Sie und über Ihr Weltbild machen. Gehen Sie die Sache psychologisch an: Was soll Ihre Wohnung kommunizieren: Dass Sie das Leben der Boheme führen, dass Sie sozial nach oben orientiert oder ein VIP-hungriger Spaßvogel sind? Denken Sie das einmal gründlich durch. Und dann schreiben Sie zehn Begriffe auf, die für das stehen, was Sie Ihren Mitmenschen durch Ihren Stil sagen wollen. Nur Mut – es liest ja keiner außer Ihnen selbst!

1.

2.

3.

4.

5.

6.

7.

8.

9.

10.

ARRANGIEREN SIE KREATIVE STILLLEBEN: EIN SIDEBOARD MIT BESONDEREN DEKOSTÜCKEN, SCHÖN KOMBINIERTE BÜCHER UND OBJEKTE ODER EINE ORIGINELLE KISSENSAMMLUNG AUF DEM SOFA.

Charakter! Ob Sie sich mit Seide oder Chrom, Barock oder Minimalismus einrichten, ***seien Sie ganz Sie selbst — und seien Sie dabei vor allem: happy!***

GRUNDREGELN DES ARRANGIERENS

Dekorieren ist wie das Zubereiten einer Mahlzeit. Stellen Sie sich vor, Sie haben Rindfleisch und Zwiebeln da. Wenn Ihnen nach französischer Küche zumute ist, machen Sie daraus ein Bœuf Bourguignon à la Julia Child. Soll's was Asiatisches sein, greifen Sie nach dem Wok und werfen noch ein paar Bambussprossen dazu. Und zu einem leckeren Burger gehören schön panierte Zwiebelringe. ***Dieselben Zutaten + 3 Rezepte = 3 total verschiedene Gerichte!*** Genau so ist es auch mit dem Dekorieren. Nur mit dem Unterschied, dass das Rezept immer dasselbe ist:

Dichte: Die enge Gruppierung betont beides, die Gemeinsamkeiten (Botschaft, Farbe) und die Unterschiede (Form, Format), sodass diese Vasen ein harmonisches Ganzes darstellen.

- Das **FORMAT** bestimmt die visuelle Gewichtung und die Größe der Objekte in Beziehung zueinander und zu ihrer Umgebung.
- Die **FORM** definiert sich durch Volumen, Kontur und Proportionen eines Stücks.
- Über die **FARBE** ist es sehr einfach, Dinge in eine Ordnung zu bringen.
- Die **BOTSCHAFT** von Gegenständen und die Tatsache, dass es sehr wohl möglich ist, durch Dinge eine Aussage zu machen, wird von den meisten Leuten total unterschätzt.

BEI ARRANGEMENTS, DIE VOR ALLEM FRONTAL WIRKEN SOLLEN, STELLEN SIE GROSSE OBJEKTE HINTER KLEINERE.

Format, Form, Farbe und **Botschaft** sind die Stichworte für das Arrangement von Dekoobjekten und kleinen Ensembles. Das Rezept funktioniert auch in meinem Schlafzimmer, und zwar so:

→ **FORMAT** Das Zimmer enthält lauter verschiedene Größen und Proportionen. Der tonangebende Paravent hat Grandezza, seine Farben und Motive finden sich in allen Details wieder.

→ **FORM** Zu den Barocksesseln passt der Schreibtisch mit unauffälligen Beinen und geradlinigem Profil. Wichtig ist die interessante Variation von Möbelbeinen und -sockeln.

→ **FARBE** Stoffe in Orange, braune Wandfarbe und der blau gemusterte Teppichboden – alle Farben greifen die bunten Wandteller wieder auf.

→ **BOTSCHAFT** Die Einrichtung ist eher klassisch – die barocken Sessel, die symmetrische Anordnung, Brokat-Ornamente und sogar Wandteller. Ein Statement wird daraus durch das Unerwartete: die Bananen-Skulptur und die orangefarbenen Akzente. Sie verleihen dem Raum die Pop-Optik.

Nischen-Obst: Die riesige Bananen-Skulptur ist ein schräger Blickfang an einer Stelle, die meistens völlig vernachlässigt wird.

ARRANGIEREN – EIN ÜBERBLICK

Hier habe ich ein paar Kuriositäten zusammengewürfelt, um zu zeigen, wie Dinge zusammenpassen und wie man sie schön arrangiert. Für manche ist es ein Schock, wenn all die Lieblingssachen vor ihnen liegen und auf lauter Flächen verteilt werden sollen. Aber keine Angst: Dekorieren folgt seiner eigenen Logik. Durch die Arbeit mit Töpferwaren habe ich gelernt zu arrangieren und zu kombinieren. Ich musste herausfinden, durch welche Eigenschaften ein Stück am besten wirkt und wie es sich im Laden am besten präsentiert. Nach dem Prinzip richte ich auch Privaträume ein.

Gekonntes Design ist eine Frage der Balance

Für das Arrangieren bedeutet das: Gegenüberstellung von Kontur und Farbe sowie von gestalterischen Grundideen im lockeren Genremix. So treten Kontraste und Gemeinsamkeiten hervor.

Schaffen Sie zuerst einen Rahmen

Komponieren Sie einen Raum oder eine Fläche wie ein Gemälde – durch Maßstab, Staffelung und ausgewogene Verteilung von Objekten – und gehen Sie dabei von einem bestimmten Blickpunkt aus. Konsolen, Regale und Kunstgegenstände werden meist frontal gesehen, während Möbel wie Ess- oder Couchtische von allen Seiten in Augenschein genommen und entsprechend dekoriert werden sollten.

SYMMETRIE

Viele denken bei Symmetrie an Spiegelung: zwei identische Lampen an beiden Seiten eines Sofas zum Beispiel. Für mich geht es bei Symmetrie aber eher um die Hervorhebung von Ähnlichkeiten: Objektpaare, die in Hinsicht auf Format, Proportion oder Farbe korrespondieren, entfalten eine ruhige, geordnete Wirkung.

- Lampen aus blauem Glas markieren die Schmalseiten der weißen Kommode. Trotz der unterschiedlichen Größe entsteht der Eindruck von Symmetrie durch die identische Farbe.
- Die verschiedene Höhe der Lampen wird durch zwei kleine Silbervasen bei der hohen und eine größere bei der kleineren Lampe ausgeglichen.
- Hängen Sie auch an ungewöhnlichen Stellen Teller auf, um leere Wandflächen zu füllen und Kompositionen abzurunden.
- Im Fokus dieses Arrangements steht das kleinste Objekt: der **gelbe** Farbfleck, der aus der mittig aufgestellten Vase hervorleuchtet.

FARBIG UNTERSETZT, HEBEN SICH DIE KLEINEN VASEN GUT AB.

Ohne Schutzumschläge harmonieren Buchrücken besser!

ASYMMETRIE

Während Symmetrie durch Ähnlichkeit entsteht, geht es bei der Asymmetrie darum, die Unterschiede zwischen nahe beieinanderstehenden Dingen zu betonen. So erhält jedes Ensemble einen ***lebendigen Rhythmus.*** Die Kunst liegt im geschickten Ausgleich zwischen verschiedensten Größen, Proportionen und Farben.

Hier habe ich viele Objekte zu einer Reihe kleiner Geschichten gruppiert: Ein Buch steht senkrecht an der Wand und korrespondiert so mit den Bildern; ein Tellerstapel erhöht den Standpunkt der kleinen Vase, eine andere steht auf einer Plastikbox.

Die scheinbar zufällige Kombination von Objekten verschiedener Höhe und Form wirkt spontan und lebendig.

Ein kunstvolles Arrangement arbeitet mit der dynamischen ***Spannung*** und dem ***Esprit*** der Gegensätze: Groß und klein, rau und glatt, formell und leger.

Die eine Hälfte dieser Aufstellung ist symmetrisch, die andere asymmetrisch. Behalten Sie das große Ganze im Blick, aber brechen Sie es in kleinere Einheiten herunter.

NOTIZBLOCK

Lücken füllen

Erstellen Sie ein Inventar der Objekte, die bei der Deko oberste Priorität haben.

1.

2.

3.

4.

5.

6.

7.

8.

9.

10.

DIE REGELN BRECHEN

Anpassung ist was für Langweiler. Wohl bemessene, aber gezielte Rebellion ist das Fundament individuellen Stilbewusstseins. Takeln Sie sich für einen großen Ball auf, aber nehmen Sie ein Schmuckstück ab, bevor Sie aufbrechen – so ungefähr funktioniert Design nach dem Prinzip Happy Chic. Der Raum ist rundum durchgestylt, die Tischdekoration passt, der Blumenstrauß ist perfekt arrangiert – und dann stiften Sie ein kleines bisschen Unordnung. In anderen Worten: Zielen Sie auf einen harmonischen Gesamteindruck, und dann – zack! – setzen Sie Ihren persönlichen Stempel drauf. Das Geheimnis dahinter: Es ist viel einfacher, Perfektes abzuwandeln, als gezielt einen unfertigen Look zu komponieren.

Ihr neues Mantra: ***Klassische Basis, verspielte Akzente!***

Ménage à trois: Dieser flotte Vasendreier beweist, wie gut eine erweiterte Beziehung funktionieren kann.

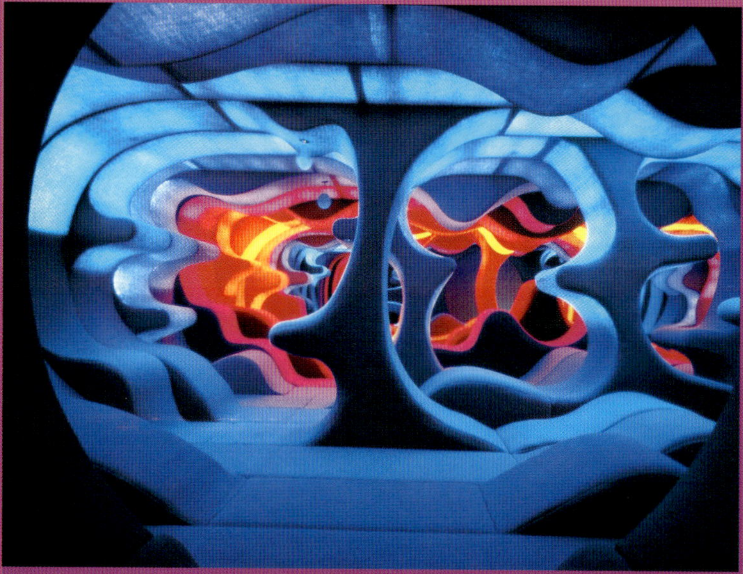

Muse

Verner Panton

KING OF POP

- Verner Panton gab es lange vor Michael Jackson.
- Er war das ***enfant terrible*** des ein wenig steifen und ein wenig verklemmten dänischen Designs.
- Vor einem halben Jahrhundert schuf er Sachen, die manches Design von heute alt aussehen lassen.
- Sein Name steht für ***psychedelische*** Einrichtung.
- Panton entwarf superweiche Environments, die man damals wahrscheinlich angemessen als ***»knorke Bude«*** bezeichnete.
- Er lässt uns auf seinem S-förmigen Stuhl sitzen. ***Danke!***
- Er hat fantastische schimmernde Lampen aus Glasoblaten gemacht, die aussehen wie von einem anderen Stern.
- Er schwärmte für Plastik.
- Er schwelgte in ***FARBE.***
- ***Lang lebe der König!***

Friedlicher Anblick: Ein dichtes Ensemble aus Keramik, Glas, Büchern und Pflanzen macht den Kaffeehaustisch zum Podest einer kunstvollen Präsentation.

RUNDE SACHE

Tischlandschaften

Tische haben alle möglichen Formen und Funktionen – Sofa-, Bücher-, Kaffee-, Esstisch –, und jede Art bietet eine Fläche für kreative Experimente. Bei der Tischgestaltung mit Happy Chic geht es um Variation und Improvisation. Arbeiten Sie hart, richtig hart, um es genau richtig hinzubekommen! Dekorieren ist eine ***Kunst***, aber ebenso eine ***Wissenschaft***. Ordnen Sie erst einmal alles schön ordentlich an, beginnen Sie dabei mit den Möbeln. Dann bringen Sie durch Farben und kleine Sachen weitere Ebenen ein. Wenn alles fertig ist, brechen Sie dem Design einen Zacken aus der Krone, damit es nicht so langweilig perfekt aussieht – egal, wie hart Sie dafür gearbeitet haben.

Lesezimmer? Benutzen Sie den Tisch im Esszimmer wirklich? Selbst engagierte Hobbyköche geben zu, dass sie diesen Raum nur zu besonderen Anlässen nutzen. In diesem Penthouse in New York haben wir den Esszimmertisch daher in eine Bibliothek umgewandelt. Die feierliche Grandezza des Raums erhält durch Bücher und Deko eine entspannte Note.

VALENTINO
PICASSO AND AMERICAN ART
Styles
ERTE
Woman in the Mirror Richard Avedon

Formatkontrast: In meinem Laden in SoHo herrscht eine schöne Mischung von Größenverhältnissen aller möglichen Sachen: Tongefäße, Stahlstern und Mini-Bronzestier.

EIN TISCH, ZWEI ORDNUNGEN

Hier sind zwei Modelle für das Arrangement eines Couchtischs:

Eins: Die Email-Schalen habe ich farblich abwechselnd parallel zur Tischkante angeordnet und die Geometrie dann durch drei ungleiche Bücherstapel aufgebrochen. Die Vase am anderen Ende schließt den Rahmen.

Zwei: Schlichter wirkt dieses Arrangement, bei dem die Schalen einen Kreis wie aus Blütenblättern bilden. Ein einziger Bücherstapel dient hier nun als Sockel für die Blumenvase. ***Presto!***

Symmetrie + Kick = Asymmetrie: Ein Paar Ringhalter in Form von Eichhörnchen vor einem knallfarbigen Bild von Rex Ray. Die symmetrische Aufstellung wird mit einem Augenzwinkern unterminiert, indem ein Eicheldeckel total rebellisch seinen Platz verlassen hat.

Jagen und sammeln! Eine Reihung verschiedenster Kerzenleuchter schmückt diese Tischfläche.

KERZENLICHT SCHMEICHELT DEM TEINT UND ÜBERSPIELT JEDES FÄLTCHEN. IHRE GÄSTE WERDEN ES IHNEN DANKEN!

Happy Color: Diese Tischplatte habe ich nach meinem bestickten Kissen Bargello Diamond gestaltet. Das wasserfeste »Tischtuch« besteht aus Glasmosaiksteinen.

Komische Kunst: Gestalten Sie Ihre Wohnung mit den Dingen, die Sie lieben, wie seltsam andere sie auch finden mögen. Diese kauzige Eulenskulptur aus den 60ern ist ein Hingucker in meinem Wohnzimmer.

Groß vs. klein: Diese überdimensionierte Eule wacht über einen kleinen runden Saarinen-Beistelltisch in meinem Schlafzimmer.

Ja, ich habe eine Schwäche für Eulen: Hier ein paar Exemplare meiner Kreationen.

Überraschung! Die Modedesignerin Liz Lange hatte den Eingang ihrer New Yorker Wohnung farblich und formal ganz reduziert gestaltet – bis wir mit dem knallorange-farbigen Würfel ankamen. Tische können einfach als Skulptur dienen, vor allem dort, wo man sie als Abstellfläche überhaupt nicht braucht.

Anything goes: Den Baumstumpf habe ich in meinem Gäste-WC aufgestellt, um den surrealistischen Look noch zu steigern. Der witzige Fornasetti-Stuhl und die glamouröse Tapete werden durch das Kontrastprogramm der anderen Objekte interessanter. Immer gegen den Strich denken!

BUNTE TISCHE MIT BLUMEN!

weitere Blumen

on home decoration
WITH SLIM AARONS

Blüten-Philosophie: Vasen sind für Blumen wie Stärke für Pudding: Sie verwandeln einen einfachen Strauß in ein florales Feuerwerk.

BEI DER BLUMENDEKORATION GIBT ES FÜR MICH EINE EINFACHE REGEL: ÜPPIGE, DICHTE STRÄUSSE MIT BLÜTEN DERSELBEN SORTE ODER IN DERSELBEN FARBE.

weitere Blumen

STIEFMÜTTERCHEN
MAGNOLIE
KIRSCHBLÜTEN
ANEMONEN
MOHN
TULPE
NARZISSE
GARDENIE
ZINNIE
AMARYLLIS
PFINGSTROSE
DAHLIE
SONNENBLUME
WEISSE ROSE
GERBERA
GÄNSEBLÜMCHEN
BEEREN-
ZWEIG
RANUNKEL
RINGELBLUME

NOTIZBLOCK

Meine Favoriten für jede Jahreszeit. Wählen Sie Ihre Lieblingsblumen!

Vorfrühling

Stiefmütterchen

Magnolien

Kirschblütenzweige

Anemonen

Frühling

Tulpen

Mohnblumen

Narzissen

Zinnien

Sommer

Gardenien

Pfingstrosen

Amaryllis

Weiße Rosen

Sonnenblumen

Dahlien

Herbst

Gerbera

Gänseblümchen

Ringelblume

Winter

Zweige

Ranunkeln

NOTIZBLOCK

Mit welchen Blumen blüht Ihr Herz auf?

Stimmungsmacher: Der buschige gelbe Strauß auf der Kücheninsel von Liz Lange verbreitet frische, sonnige Laune. Blumen sind außerdem ein tolles Dekomotiv. Das Dessin mit abstrahierten Mohnblüten auf dem Lampenschirm und dem Polsterstoff holt die Natur ins Haus.

Irre Mischung: Die bestickten Kissen sorgen im Gästezimmer meiner Ferienwohnung in Palm Beach für eine extrem entspannte Atmosphäre.

WEICHE WONNE

Kissenlandschaften

Nichts ist luxuriöser als supersofte Kissen und eine kuschlige Decke. Versinken Sie in einer ***weichen Wolke*** und fühlen Sie sich rundum ***verwöhnt!*** Das ganze weiche Zeug auf Betten, Sesseln und Divanen stilvoll zu drapieren ist allerdings nicht so einfach. Kissen setzen Sie am besten als Akzent ein, nicht als Hauptsache – als Farbklecks und verspielte Note. Ein überbordender Kissenberg auf dem Sofa ist kontraproduktiv, denn wo soll man da noch sitzen? Exzess ist schön und gut, aber nur bei Mustern und witzigen Designs für die Kissenbezüge. Wechseln Sie den Look hin und wieder, mit Kissen lässt sich ein Raum schnell und günstig vollkommen verändern.

Wohlan, hier kommen meine Tipps für die Polsterung Ihrer Wohnung.

Kopfwache: Eine originelle Eulenskulptur aus Frankreich schwebt über meinem Betthaupt und erinnert mich immer an einen schönen Urlaub.

DAS KISSEN-ARRANGEMENT IST HIER EHER SCHLICHT GEHALTEN, UM DER GEPOLSTERTEN NISCHE NICHT DIE SHOW ZU STEHLEN.

BETTLANDSCHAFTEN

LASSEN SIE SICH VON DIESEM KISSENBERG INSPIRIEREN, EINER ERFRISCHENDEN SCHICHTUNG WOLLÜSTIGER UND GERADLINIGER EXEMPLARE.

Hinterste Reihe: Ein Trio aus quadratischen Kissen, die den Farbton der Lampenschirme aufgreifen.

Zweite Reihe: Die Kopfkissen sind rechteckig und ragen seitlich ein wenig vor, damit die Ansammlung nicht wie eine Pyramide aufsteigt.

Dritte Reihe: Zwei dekorative Kissen in dem kräftigen Pink, das auch in dem Bild darüber zu finden ist.

Vorderste Reihe: Wie zufällig fläzen sich drei kleine Kissen vor den großen Brüdern. Ihre Dessins sind lebendiger, fügen sich aber farblich trotzdem vollkommen ein.

EIN SURREALISTISCHER FORNASETTI-TELLER ÜBER DEM BETT SIEHT IMMER SUPER AUS!

Schwelgen Sie in Harmonie:

Wenn die dekorativen Elemente in derselben Farbfamilie bleiben, können Sie Formen und Muster mischen wie Sie wollen. Eine Gestaltung in Kontrastfarben wie auf der linken Seite braucht schon etwas mehr Sorgfalt.

UNITED
ONE

Spricht für sich: die Tagesdecke. Das Paul-Evans-Bett mit den Spiegelpfosten habe ich mitten in meinem Schlafzimmer in Palm Beach aufgestellt. Die modernistische Strenge wird von den lebhaften Farben und Ornamenten der bestickten Suzani-Decke (und dem frechen Norwichterrier) aufgefangen. Die Kopfkissen verschwinden tagsüber im Schrank.

Schlaf in Weiß: Die Farben in diesem Mädchenzimmer kommen über die Wandbehänge hinter den Betten und die bunten Patchwork-Stickereien der großen Kissen.

Schlaf neutral: Eine neutrale Farbgebung erlaubt mehr Freiheiten für die Akzentkissen – aber neutral bedeutet nicht unbedingt ganz weiß. Auf diesem Bettbezug bringt der kräftige braune Balkenrahmen die Frische der weißen Baumwolle erst recht zur Geltung.

Seeblick: Die schwebende, traumartige Aura dieses Wohnraums entspricht der überirdischen Ausstrahlung dieses Standorts in Palm Beach. Die blaue Decke in der Farbe des Wassers vor dem Fenster fungiert auch als grafischer Akzent in dem hellen Ambiente.

HOMMAGE AN DAS TÊTE-À-TÊTE

Was für ein Geniestreich, die Erfindung des Tête-à-tête-Sofas im 19. Jahrhundert! Darin ließ es sich schon damals allerliebst flirten. Aber auch ohne diesen altmodischen Zweck ist so ein gegenläufiger Zweisitzer einfach wunderbar. Er variiert ein klassisches Möbelstück, ohne dass es allzu formell wirkt. Und da man von hier aus in zwei Richtungen blickt, stelle ich ein Tête-à-tête am liebsten mitten ins Zimmer, sozusagen als Scharnier zwischen zwei Sitzgruppen.

Heure bleue: Lassen Sie ein geradliniges Polster in einer passenden Farbe anfertigen und verwandeln Sie eine Fensterbank damit in eine zusätzliche Sitzgelegenheit. Eine platzsparende, gemütliche Ecke zum Schmökern oder für den Aperitif.

KISSEN SIND DAS *Ausrufezeichen* DER WOHNUNG.

Kostbarer Schimmer: Für dieses Entree einer Penthouse-Wohnung in Manhattan habe ich Fliesen mit echter Platinglasur eingesetzt. Glamourös ist auch die weiße Kommode mit den symmetrisch aufgestellten Drachenlampen.

SCHAUPLÄTZE

Konsolen, Regale und Borde

Die unzähligen Vorzüge eines Konsolentischs kann man gar nicht oft genug preisen. ***Erstens*** ist es einfach ein ungeheuer praktisches Möbelstück, das sich auf kleinsten Flächen wie Fluren und Treppenabsätzen unterbringen lässt, sodass auch diese bewohnt aussehen, und das sich auch noch durch Stauraum für Kleinkram nützlich macht. ***Zweitens*** erweist sich die schmale Fläche der Konsole als ideale Präsentationsplattform für lebensverschönernde Dekorationsobjekte. Ebenso wie Wandregale und Borde ist die längliche Form dieses Möbeltyps eine ideale Ausgangsbasis für symmetrische Arrangements, die Ordnungswillen und Entscheidungskraft ausstrahlen – und wer könnte diese Eigenschaften nicht auch in einem Leben mit Happy Chic gebrauchen?

DER ERSTE EINDRUCK

Der Eingangsflur meines New Yorker Apartments ist ein kleiner ***Pop-Palast*** dank dieser vielseitigen Konsole. Es gibt unzählige Varianten der Dekoration, und zwar nach dem bewährten Rezept:

- **Format:** Konsolentische werden meist von der Frontseite gesehen. Reagieren Sie auf die längliche Form, indem Sie beide Enden durch Objekte mit gleichem optischen Gewicht akzentuieren. Hier dienen goldene Vogelschalen und die XXL-Vase als Anker.

- **Form:** Mit seinen quadratischen Beinen und der Hochglanzlackierung ist dieses geradlinige Möbel mit anderen Stücken und Stilen kompatibel. Außerdem ist es die ideale tabula rasa, um darauf immer wieder neue Deko-Settings zu inszenieren.

- **Farbe:** Orange und Gold haben etwas heiter Glamouröses. Bei minimalistischer Gestaltung wird die Farbe zur Hauptfigur.

- **Botschaft:** Der Spiegelrahmen aus Kanthölzern nimmt das barocke Vorbild mit Goldverzierung aufs Korn. Hocker passen gut zum Konsolentisch, und die Philippe-Starck-Zwerge kommen immer gut an.

Pop konservativ: Sehr frisch wirkt in dem Landhaus von Liz Lange aus dem 19. Jahrhundert der Kontrast der weißen Dielen mit der schwarzen Haustür. Die Pseudo-Kroko-Konsole ist bestückt mit Sachen, die zur Atmosphäre passen.

VERSPIELT! STELLEN SIE AUSGEWÄHLTE OBJEKTE MIT EINER PRISE HUMOR AUF EINEN BÜCHERSOCKEL.

Minimalismus: Ein Paar meiner glänzenden *Aorta*-Vasen genügte, um diesem futuristischen Breuton-Konsolentisch in einem New Yorker Townhouse den letzten Schliff zu verleihen. Das leicht laszive Siebziger-Design relativiert den herrschaftlichen weißen Marmor, und auch die Altarform ist nicht allzu ernst gemeint. Darauf weist schon das Kunstwerk von Erika Rothenberg an der Wand hin.

WEEK OF JAN. 4, 2100
EVENINGS AT 7
IN THE PARISH HALL
MON ABUSED SPOUSES
-ALL GENDERS WELCOME
TUE ALCOHOLICS ANONYMOUS
WED SINGLES SUPPORT GROUP:
FINDING LOVE ON
OTHER PLANETS
THU ANTI-HATE COALITION
FRI SOUP KITCHEN
SAT PARENTING YOUR CLONE
SUNDAY SERMON
9 A.M.
"ANOTHER CENTURY
OF PROGRESS"

Foyer + Spiegel = Happy Chic:

In meinem Feriensitz in Palm Beach geben der achteckige Spiegel und die x-beinige Konsole ein gutes Team ab.

NUTZEN SIE FREIE BODENFLÄCHE, UM IHRE KOSTBARKEITEN ZU PRÄSENTIEREN. LÄSSIG WIRKT EINE ANSAMMLUNG SCHÖNER GEFÄSSE.

Nischen nutzen:
Wandregale sind perfekte Lückenfüller. Bringen Sie in einem Wandrücksprung eine schwebende Schubladenkonsole unter, wie hier in der Lobby eines Kunstsammlers.

DIE PORZELLAN-MÜNDER HABE ICH ALS SCHRÄGE UND PROVOKANTE GRIFFE KONZIPIERT.

Lebenselixier Humor: Die fantastische Keramiksammlung auf der Fensterbank in meinem Esszimmer wird von einem italienischen Riesenkönig aus den Sechzigern regiert, den ich sehr lustig finde.

Kunst regiert die Wand: Sideboard, Keramik und Bastteppich in diesem in Naturfarben eingerichteten Loft erhalten einen Energieschub durch die galaktische Wandskulptur von Curtis Jere aus den Sechzigern.

APPLAUS FÜR CURTIS JERE

Schon lange bin ich ein Fan der abgefahrenen Metallskulpturen von Curtis Jere – Sonnen, Explosionen und Tropfen aus Messing und Spiegel, die von erlesenen Messingblüten herabhängen. Der Name ist eine Verbindung aus den Namen der Gründer, Curtis Freiler und Jerry Fels, die sich in den Sechzigern und Siebzigern mit ihrer Metallkunst an ein breites Publikum richteten.

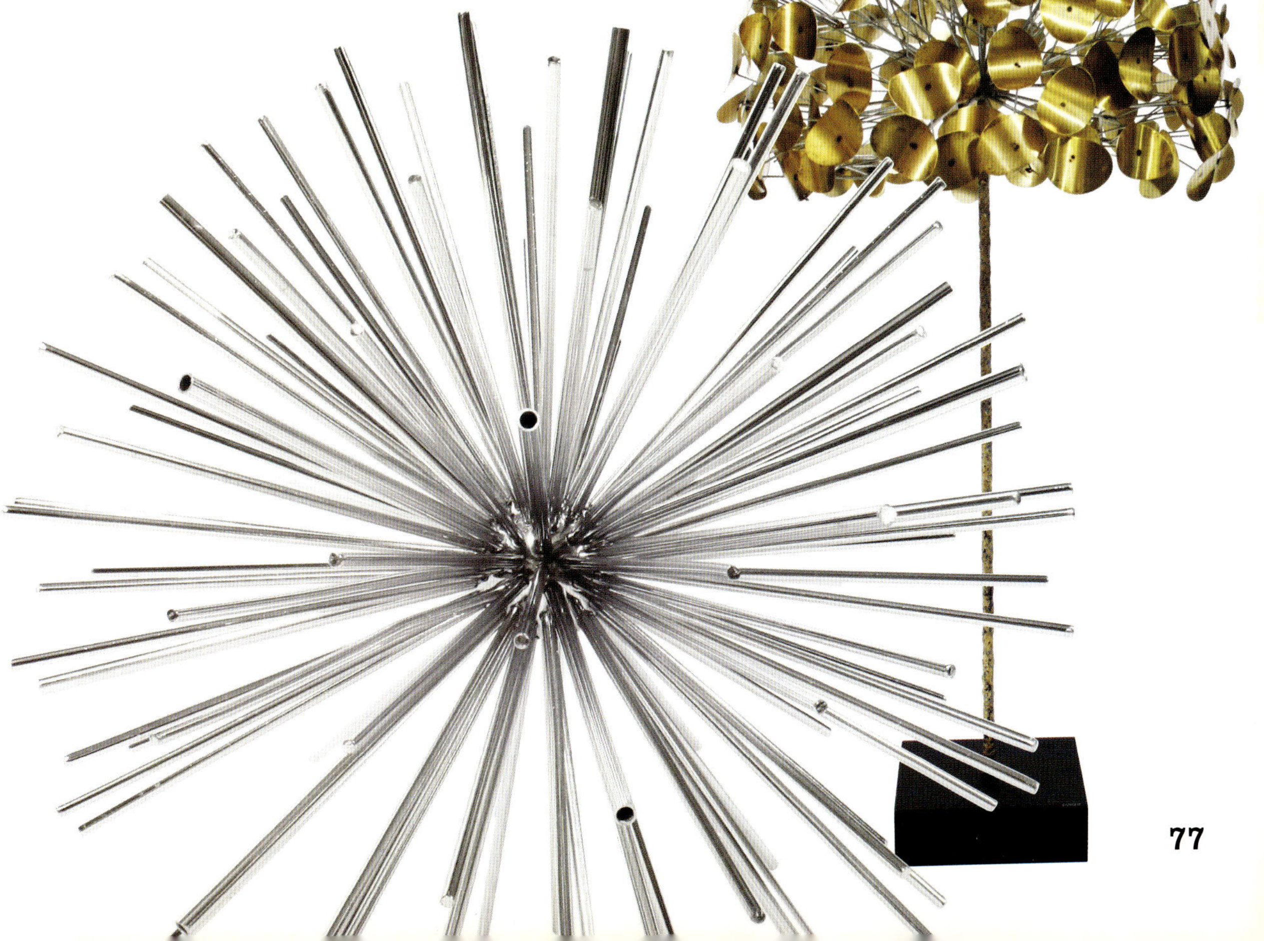

Serienhelden: Ein schmaler Kaminsims ist perfekt für eine Reihe ähnlicher Objekte wie diese Glasköpfchen in meinem New Yorker Apartment.

Hinsehen! Die meisten Leute platzieren die Dekoration brav auf Augenhöhe, dabei erlaubt die Nutzung aller Flächen vom Boden bis zur Decke dem Blick, umherzuschweifen, so erhält ein Raum Zusammenhalt und Geschlossenheit. Ich lasse Räume gerne höher wirken, indem ich Objekte auch etwas weiter oben als gewohnt aufstelle.

GESICHTER LASSEN AUCH UNBELEBTE MÖBEL LEBENDIG ERSCHEINEN. JEDES ARRANGEMENT BRAUCHT EINEN FOKUS, ICH BEVORZUGE KÖPFE DAFÜR.

GESICHTER SIND SPITZE!

weitere Gesichter

Gesichtsfeld: Geben Sie einer dekorativen Ecke ein Gesicht – oder drei! Nehmen Sie dafür menschliche Formen wie eine Büste, eine Vase mit Gesichtszügen oder aber Tierfiguren. Die zaubern nicht nur in Ihr Gesicht ein Lächeln.

LACHAPELLE
ARTISTS
&
AIRAN KANG
99 CENT DREAMS DOUG AITKEN
HELMUT NEWTON
VANITY FAIR PORTRAITS
RicHard AvEdoN
TASCHEN
DAVID LACHAPELLE

WANDBORDE DIENEN SCHON IMMER ALS BÜCHERREGAL. ABER SIE KÖNNEN DARAUF AUCH TOLLE KUNSTOBJEKTE UND ANDERE LIEBLINGSSACHEN PRÄSENTIEREN.

KUNST LEHNT SICH GERNE AN. COOL WIRKT SIE AN EHER UNERWARTETEN ORTEN.

Hochgegriffen: Haben Sie noch eine freie Nische irgendwo? Schmücken Sie sie mit einer extravaganten Tapete und füllen Sie sie mit einer berauschenden Flaschenbatterie, und schon haben Sie eine exklusive Hausbar zur Verfügung.

DIE ANATOMIE DES

REGALS

Bücherschränke können sich als regelrecht garstig erweisen, wenn man versucht, sie zu gestalten. Die Reihung bunter Buchrücken ist noch eine der leichten Übungen – ein witziger Mix aus Farben und Formaten sieht dabei übrigens am besten aus. Schwieriger ist es schon, Kunst oder andere Sachen im Regal aufzustellen. Darum folgt hier ein Grundkurs: Wie man es schwungvoll anpackt und danach gleichzeitig belesen und gestylt rüberkommt.

1

Vertikal//horizontal: Lebendig und dynamisch wirkt die Bücherreihe mit abwechselnd stehenden und liegenden Bänden.

2

Balance: Das Arrangement wirkt ausgewogen mit einem Objekt rechts und links.

3

Keine Scheu vor Nippes: Dieses bildungshungrige Zebra findet seine Daseinsberechtigung in der unentbehrlichen Funktion als Buchstütze und Lückenfüller.

4

Kunst-Einsprengsel: Kleine rahmenlose Gemälde sind ein Überraschungseffekt, wenn sie im Bücherregal auftauchen. Hier kommen sie manchmal sogar besser, weil konzentrierter zur Geltung als an der Wand.

5

Gruppenbildung: Damit die Fächer nicht planlos vollgestopft aussehen, empfehlen sich Blöcke von zehn bis zwölf Büchern.

6

Krönung: Setzen Sie massive Stücke auf den obersten Boden – sie müssen nicht griffbereit sein und sind ein guter Blickanker.

7

Kein Respekt vor der Kante: Lassen Sie die Dinge auch einfach mal hängen.

8

Kunstversteck: Wir haben ja alle gelernt, dass Kunst Raum braucht und auch haben soll. Aber probieren Sie doch mal, was passiert, wenn ein schönes Stück hinter einem kleinen Bücherstapel hervorblitzt.

9

Luftnummer: Auch Leere lässt sich effektvoll arrangieren, und sie verschafft einem gefüllten Regal eine Atempause.

10

Stapelsolo: Ein kleiner, feiner Bücherstapel mit zwei Objekten als Stützen wertet Buch und Kunst auf.

ALS SCHRÄNKCHEN GETARNTE HEIZUNGSVERKLEIDUNG. DRAHTGEFLECHT UND VORHANGSTOFF LASSEN DIE WÄRME UNGEHINDERT AUSTRETEN.

STOFFE FÜR JEDE *Gelegenheit!*

Kram kaschieren: Glastüren mit Stoffdekor sind bei mir in der ganzen Wohnung zu finden. So versteckt man das weniger ansehnliche Innenleben von Schränken und setzt zusätzliche Farbakzente. Die meisten Türfüllungen lassen sich einfach mit Draht und Stoff ersetzen.

Muse

Talitha Getty

- Geboren auf Java, lebte sie als Kind einige Jahre in einem japanischen Kriegsgefangenenlager.
- Bei ihrer Hochzeit mit John Paul Getty Jr. trug sie einen mit Nerz gesäumten Minirock.
- Sie hing ab mit Mick, Marianne und Jimi.
- Sie war so **schön** und **cool,** dass ihretwegen sogar Rudolf Nurejew fast hetero geworden wäre.
- Als Muse von Yves Saint Laurent machte sie ihn mit den verführerischen Seiten von Marrakesch vertraut.
- Sie ist die Erfinderin des ***Bohemian Glamour.***
- Mit 30 Jahren starb sie an einer Überdosis Heroin.
- Die ***Queen*** der reichen Hippies ruhe in Frieden.

Aufsteigende Kunst: Diese Art der Hängung ist nicht statisch wie die klassische Variante, und sie nutzt die schmale Vertikale bestmöglich aus.

WANDANSICHTEN

Kunst

Kunst sammeln und zeigen – nichts ist besser geeignet, um eine Wohnung mit einer Prise Happy Chic zu würzen. Jeder hat eigene Ansichten darüber, was Kunst ist. Manche mögen C. D. Friedrich, andere Warhol. ***Jeder nach seiner Fasson!***

Ich bevorzuge eine dieser zwei Methoden, um Kunst zu präsentieren: Objekte und Bilder, die sich wie ein roter Faden durch alle Räume ziehen, oder aber eine Hängung dicht an dicht. Ähnliches braucht nicht zwingend nebeneinander gezeigt werden, im ganzen Haus verteilt, schaffen verwandte Dinge ein Gefühl der Kontinuität. Hängen Sie von Zeit zu Zeit alles um, um Ihre Schätze in verschiedenen Kontexten neu zu erfahren.

Kunst im Raum: Auch in einem eher traditionell eingerichteten Ambiente sieht Kunst an ungewöhnlichen Stellen toll aus. Im New Yorker Apartment der Künstlerin Jennifer Deppe Parker und ihres Mannes Stan zieht die Fensterfront alle Blicke auf sich, da ist Kreativität bei der Hängung gefragt. Jennifers Gemälde ist mit Nylonschnur an der Decke befestigt. Und dank einer Arteluce Staffelei-Lampe findet das Bild von Takashi Murakami mitten im Raum Platz. Wandteller sind ideal für Säulen und andere schmale Flächen.

DAS *Kunstmuseum* ZU HAUSE

Das beste Rezept, um Räume lebendig zu gestalten und auch kleine Flächen bestmöglich zu nutzen, ist ein fröhliches Durch- und Nebeneinander von Bildern. Innenarchitekten sträuben sich eher gegen diese Art der Kunstpräsentation, darum ist man als Laie hier klar im Vorteil. Wandfüllende Arrangements bestechen durch das Zufällige und die Asymmetrie. Lassen Sie sich nicht von irgendwelchen ***Regeln einschränken.*** Holen Sie sich bei diesem Blick auf diverse großflächige Bebilderungen neue Ideen für Ihre vier bis fünf Wände.

- **Planung:** Legen Sie Fotos Ihrer Werke auf dem Boden aus oder heften Sie sie an die betreffende Wand und probieren Sie so lange herum, bis Sie Ihre Zusammenstellung gefunden haben. Betrachten Sie Ihre Sammlung als ein großes Werk, zeichnen Sie den Umriss und schieben Sie die Einzelteile darin herum.
- **Komposition:** Arbeiten Sie von innen nach außen und ordnen Sie die Elemente mit etwa gleichem Abstand zueinander an. Je unterschiedlicher die Einzelteile, desto besser. Gleichen Sie Format und Rahmenstärke in etwa aus, variieren Sie große und kleine Bilder, Hoch- und Querformate, damit das Ganze dynamisch wirkt.
- **Gruppenbildung:** Stellen Sie in einem größeren Arrangement kleine Werkgruppen zusammen, einfach indem Sie die Abstände dazwischen geringer halten.
- **Platzierung:** Bedecken Sie eine Wand von oben bis unten oder hängen Sie eine Bildergruppe in der Mitte auf. Nur nicht zu nah über dem Sofa, damit nichts beschädigt wird.
- **Integration:** Seien Sie nicht zu streng mit der Trennung von Kunst und Technik, sondern bauen Sie Lampenschirme und sogar den Fernseher in die Komposition ein. Verstecken Sie den Flachbildschirm, indem Sie ihn mitten in eine Gemäldesammlung hängen.

Gut gerastert: Eine Hängung im Raster bietet sich für gleichformatige Bilder an. Mit streng gleichbleibendem Abstand wirkt die Ordnung großartig. Die Stücke müssen gerade so weit auseinander hängen, dass sie atmen können, aber nicht so weit, dass sie vereinzelt wirken.

Perlenkette: Besonders kleine Bilder oder solche mit etwas unterschiedlichen Formen hängt man am besten stur nebeneinander, so wie diese Intarsien-Clowns, die ich aus Italien habe. Wenn Sie unterschiedliche Formen und Formate mischen, achten Sie darauf, dass alle im Mittelpunkt über eine gedachte Linie verbunden sind.

Modischer Rahmen: Für dieses Mädchenzimmer haben wir die Prada-Taschensammlung der Mutter schlicht gerahmt.

Heiter bis sonnig: Diese bunten Keramiktropfen habe ich gemacht, um sie in meiner Wohnung in Palm Beach über das klassische Sofa zu hängen. Lebendig wirkt die Variation von Farben und Formen.

Neon an die Wand!

Diese Lichtinstallation ist eine Sonderanfertigung für den Fensterzwischenraum im Wohnzimmer eines Kunden. Das Motto »naughty but nice« passt einfach perfekt zu den humorvollen Bewohnern.

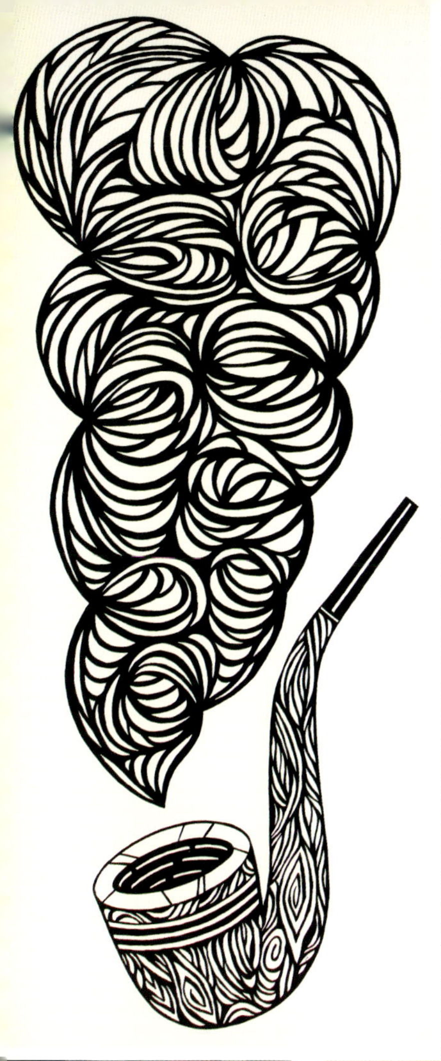

Hand anlegen: Malen Sie direkt auf die Wand. Ich habe meinen Freund Don Carney gebeten, dieses »Pfeifen«-Bild in Anlehnung an Magritte auf die Schiebetür zu bringen, die von der Bibliothek ins Schlafzimmer führt.

Blinzel: Ich bin geradezu besessen von Kunst, die mit Augen zu tun hat, bei mir zu Hause sind überall welche. Augen haben für mich etwas von einem Talisman, sie halten böse Geister ab. Dieses Paar ist ein Werk meines Freundes John-Paul Philippe. Wir haben ihn um »irgendwas mit Augen« gebeten, und das kam dabei heraus.

Heiligtum Fenster? Wenn Sie es mit einem Fenster zu tun haben, das weder viel Licht einlässt noch irgendeinen reizvollen Ausblick bietet, so wie das in meinem New Yorker Wohnzimmer/Tischtennissalon, hängen Sie Kunst an die Pfosten zwischen den Scheiben – und schon haben Sie ein Zimmer mit Blick!

NOCH MEHR IDEEN FÜR KUNST IM RAUM MIT *Happy Chic*

1 Nicht jeder hat das Budget für »echte« Kunst. Setzen Sie auf Kleinformat – sogar Salz- und Pfefferstreuer können künstlerischen Wert haben.

2 Gerahmt sieht ein Flachfernseher weniger ordinär aus. Ich liebe verschnörkelte Rahmen.

3 Vor einem schmalen Wandstreifen wirkt ein außergewöhnlicher Stuhl spektakulär.

4 Auch ins Schlafzimmer gehört Kunst, sie sollte aber etwas Luftfeuchtigkeit vertragen. Darum sind Skulpturen aus Keramik hier eine gute Wahl.

5 Zeitungskunst von Donna Rosenthal in der Ankleide einer Kundin – kleiner Seitenhieb auf die Couture-Versessenheit unserer Auftraggeberin.

6 Staffeleien sind genial, um kleinere Einzelstücke zur Geltung zu bringen, und eine perfekte Lösung, wenn die Wände schon voll sind.

7 Wie dieses Cindy-Sherman-Porzellan beweist, findet Kunst einfach überall ihren Platz.

3

4

5

NOTIZBLOCK

Hier ist Kästchenpapier, auf dem Sie die Hängung Ihrer Galeriewand oder Kunstinstallation planen können.

Größe zählt: Wie ein Paukenschlag wirkt ein Kunstwerk im Überformat, je poppiger, desto besser. Überlassen Sie ihm die Manege, so wird es zum Fokus eines Zimmers oder einer Sitzecke. Dieses fantastische Bild von dem amerikanischen Pop-Surrealisten Sante Graziani habe ich einfach auf der eleganten Holzkassettierung der Wand platziert. Oft hängt Kunst zu hoch, besonders im Wohnzimmer, wo man Bilder eigentlich eher im Sitzen anschaut. Trotzdem hilft meist der Merksatz »Mittelpunkt auf Augenhöhe«, um die richtige Höhe zu treffen.

Muse

Fleur Cowles

Ihr Einfluss auf die Kulturszene war weitaus langlebiger als ihr einmaliges Magazin *Flair*: Es erschien leider nur von Februar 1950 bis Januar 1951 und brachte alles, was zum ***kultivierten*** Leben dazugehört, von Reisen über Literatur und Kunst bis hin zu Interieur Design. Beiträger waren Größen wie Jean Cocteau, Simone de Beauvoir und Lucian Freud, es enthielt Pop-ups, Duftstreifen und andere Innovationen. Fleur wurde berühmt als visionäre Herausgeberin, aber sie war auch eine begabte Malerin und Illustratorin. Noch immer gilt sie als ***Ikone*** der kreativen Welt.

FLAIR
COLLEGE REVIEW ISSUE
August 1950

JANUARY 1951 FIFTY CENTS
NEWS AND IDEAS: The New Year Guide to London • Fashion Outlook
flair
flair

FLAIR
MAY 1950
THE MONTHLY MAGAZINE
FIFTY CENTS

flair
DECEMBER 1950 FIFTY CENTS

flair
All Male Issue
July 1950
Fifty cents

FLAIR
Paris Issue
April 1950
The Monthly Magazine
Fifty Cents

Nicht altbacken: Damit dieser Toilettentisch modern wirkt, habe ich ihn mit dem Schmetterlings-Stuhl von Pedro Friedeberg und dem Barockspiegel mit Neonkontur gestylt.

OPTISCHE TÄUSCHUNGEN

Paravents & Spiegel

Bei Paravents und Spiegeln geht es eigentlich um Verschleierung und Vervielfachung. Beide verwandeln die Raumaufteilung.

Spiegel = Zauber + Effekt

Mit reflektierenden Oberflächen liegen Sie immer richtig.

Paravents oder Wandschirme wirken oft verwirrend. Sie haben einen doppelten Zweck:

- **Raumgliederung**
- **Visuell spannende Kulisse**

Sie sind einfach himmlisch, um ein Zimmer in verschiedene Bereiche aufzuteilen, ohne dass es eng oder kleinteilig wirkt. Außerdem bringen sie ein dekoratives Element in die Gestaltung, ohne Blickachsen zu blockieren. Und sie sind viel billiger als Trennwände.

Lichtempfänger: Dieses Gespann dreigliedriger Wandschirme habe ich als Flankierung des herrschaftlichen Sofas eingesetzt. So entsteht ein Raum im Raum, und sie schaffen einen symmetrischen Ausgleich mit Glamoureffekt. Die Spiegelflächen verteilen das Sonnenlicht, öffnen den Raum nach außen und sorgen für noch mehr Helligkeit.

Rückspiegel: Zwei aufeinander abgestimmte Philippe-Starck-Spiegel hängen Rücken an Rücken an einem Raumteiler, der aus einem alten Gartentor gefertigt wurde, um den gliedernden Effekt zu unterstützen.

Aus dem Fundus: Ein guter Draht zu Schaufensterdekorateuren zahlt sich aus: Dieser Wandschirm à la Warhol stammt aus einer Deko von Barney's, jetzt verleiht er unserem Schlafzimmer einen kultivierten Touch. Echte Kunst ist wahnwitzig teuer, darum geht doch nichts über eine tolle Kreation Marke Eigenbau!

Rasterblick: Den Flur zwischen Eingang und Wohnzimmer meiner Wohnung habe ich mit diesen Stellwänden abgeteilt. Dadurch ist ein gemütliches Bücherzimmer entstanden. Die blickdurchlässigen Aufsteller sorgen für Geborgenheit, ohne dass man sich eingeengt fühlt.

Blitz-INTERIEUR

Flexible Elemente wie Paravents sind nicht nur zur Dekoration da. Für mich sind sie ein unkomplizierter Teil der Architektur, mit dem man Räume gestalten, gliedern und »formatieren« kann, ohne Wände einzuziehen. Hier ein paar Ideen zum Nachmachen:

- Faltbare Wandschirme sind sehr vielseitig, denn sie können als Kunst vor der Wand stehen oder aber als Gliederung frei im Raum.
- Kettenvorhänge schaffen ebenfalls Unterteilungen, ohne zu beengen, und haben etwas super 70er-mäßiges.
- Spiegelnder Bodenbelag entführt Sie in eine Traumwelt, in der Sie ein Leben voller Reichtum und Luxus führen. Eigenwillig, aber effektvoll.
- Etageren und nach beiden Seiten offene Regale schaffen eine Zweiteilung des Raums und gleichzeitig Unmengen von Platz, um schöne Dinge aufzustellen. Mit nur wenigen Accessoires wirken sie halb transparent, vollgepackt mit Büchern werden sie zur echten Trennwand. Perfekt geeignet für Lofts wie auch für Einzimmer-Apartments.
- Stoffbahnen, die von der Decke hängen, trennen kleinere Raumbereiche ab, zum Beispiel einen begehbaren Schrank oder die Kochnische.

NOTIZBLOCK

BLITZ-INTERIEUR

In fast jeder Wohnung gibt es die eine oder andere Problemzone, die man durch einen Paravent oder einen Spiegel kaschieren kann. Prüfen Sie Ihre Habseligkeiten auf ihre Tauglichkeit als interessante Wandattrappe!

Durchlässige Grenze: Um das Speisezimmer im Townhouse eines New Yorker Kunstsammlers zu separieren, habe ich an den Rand des schwebenden Marmorpodests dieses ornamentale Gestänge gesetzt. So stimmt das Verhältnis zwischen Trennung und Verbindung zu den umliegenden Räumen.

Flexibler Schein: Ein Standspiegel täuscht eine weitere Tür vor. Der narzisstische Porzellanpudel ergänzt die Raumvergrößerung um ein schrilles Detail.

LEGITIMER SELBSTBETRUG: SCHMEICHELNDE

SPIEGEL

Doppelte Dosis: Als Grundelement dieses Toilettentischs dient ein aktualisierter venezianischer Spiegel mit Seitenflügeln.

Freunde mit Talent:
Der Designer John-Paul Philippe bemalte diesen Wandschirm für unsere Ankleide, der nur als Dekoration dienen sollte. Dann wurde aus dem Zweiteiler eher Kunst als ein Möbelstück.

Räume brauchen 'ne Prise **HIPPIE**
und eine Spur **PROMI.**

Fotos von der Familie sehen im Rudel am besten aus.

Ein guter Mix macht echt Arbeit.
LOHNT SICH ABER.

Noch eine Lampe geht immer. Aber Achtung: Diva-Licht braucht die Birne mit wenig Watt.

Lass den Hund aufs Sofa.

Trockenbauwand plus.
FARBE NICHT EINFACH AUF DEN PUTZ STREICHEN. ERST STRUKTURTAPETE DRAUF!

DEZENZ = ÖDNIS

TRAU, SCHAU, SUPER DESIGN.

FORMAT!
Gigantisch + zwergenhaft = Drama pur.

Füße wollen *weiche* **TEPPICHE.**

KINDERFANTASIE BRAUCHT BUNTE RÄUME.

FOKUS ZÄHLT

!

Jeder Blick eine **Sensation** *fürs Auge.*

MUT ZUR MACKE.

Auch wenn Sie total introvertiert sind: Lassen Sie die Deko raus!

SEHEN Sie mit den Augen eines

FOTOGRAFEN.

Stellen Sie sich vor, Ihre Wohnung wird für eins der top Lifestyle-Magazine gecastet.

alles gespiegelt alles gespiegelt

Spiegel liefern Glitzer-Glamour, Licht und Raumgefühl.

PFLANZEN WOLLEN PARTY. STELLEN SIE SIE IN GRUPPEN AUF.

Meine Favoriten: Ficus, Geldbäumchen und Orchideen.

Minimalismus gleich Pessimismus

ZU VIELE EINRICHTER VERDERBEN DEN STIL.

Vertrauen Sie Ihren schwulen Freunden.

DEKO DEKO DEKO!

IGNORIEREN: SPIESSIGE

Nachbarn …

Stapeln Sie Bücher hoch.

ZEIGEN SIE, WIE SCHLAU SIE SIND.

BILD-NACHWEIS

Produktfotos mit freundlicher Genehmigung von Jonathan Adler

© Lucas Allen: S. 40, 59 (oben)

© Jessica Antola: S. 1 (oben links, unten rechts), 10, 11, 12, 18–19, 27, 35 (oben), 38, 39 (oben), 41, 42–43, 44 (unten links), 45 (rechts), 52–53, 66–67, 75 (unten), 76, 78, 79, 83 (oben links), 86, 87, 88–89 (Nr. 1, 3, 4, 5, 6, 8 und 10), 90, 91 (oben), 94, 100, 105, 106–107, 108 (oben rechts, unten rechts), 109 (oben links und rechts), 111, 119 (oben), 120, 124, 126, 127

© Colleen Duffley: Cover; S. 56–57, 82, 102–103, 118

Corbis: S. 98–99 © Micheline Pelletier/Sygma; S. 99 (oben) © Bernard Annebicque/Sygma; S. 112 © Bettmann

© Evan Joseph: S. 116–117

© iStockphoto.com: S. 46

© Joshua McHugh: S. 1 (Mitte links), 8, 20–25, 32–33, 34, 55, 58–59, 63 (oben, unten rechts), 64, 70–71, 74, 75 (oben), 80–81, 84–85, 88–89 (Nr. 2, 7 und 9), 96–97, 101, 104, 108 (unten links), 109 (unten), 114, 122, 123

© Condé Nast: S. 93, Sir Patrick Lichfield/Condé Nast Archive

© Ngoc Minh Ngo: S. 15, 30, 49, 50, 60–61, 62, 68, 72–73

© Verner Panton Design: S. 28

© Annie Schlechter: S. 3

© Heiner Schmitt: S. 29

© William Waldron: S. 6, 9, 36–37, 37 (oben), 54

© Andrew Weaving: S. 119 (unten)

© Dan Wilby: S. 1 (unten links, Mitte, oben rechts), 16–17, 45 (links), 83 (oben rechts, Mitte rechts, unten), 125 (Jonathan), rechts, Nachsatzpapier

REGISTER

DAS JONATHAN ADLER MANiFEST

Ich finde, Ihr Zuhause sollte Sie glücklich machen.

Ich finde, in Einrichtungsfragen hat die Ehefrau immer recht. Außer er ist schwul.

Ich finde, Kohlehydrate sind super. Mir egal, welche Auswirkungen sie haben.

Ich finde, Minimalismus hat ausgedient.

Ich finde, handgefertigter Nippes macht das Leben schöne

Ich finde, Troddeln sind die Ohrringe einer Wohnung.

Ich finde, die Kombi Rot und Braun ist per se schick.

Ich finde, man sollte immer under- oder overdressed sein.

Ich finde, Promis haben keine Ermäßigung verdient.

Ich finde, nichts geht über den Palm-Beach-Stil: Barockstühle, Chinaporzellan, das »The Breakers« um '72

Ich finde, meine Entwürfe verdienen Design-Preise – haben sie aber noch nicht gekriegt.

Ich finde, »Aid to Artisans« ist eine wichtige Organisation.

Ich finde, Hunde sollten in Läden und Kneipen reindürfen.

Ich finde, Sie sollten jetzt Ihr BlackBerry wegschmeißen und rausgehen, Blaubeeren sammeln.

Ich finde, meine Lampen machen jeden jünger und schlanker.

Ich finde, ironischer Luxus ist unverzichtbar.